CATALOGUE

DES

GENTILSHOMMES

D'ARMAGNAC ET DE QUERCY

QUI ONT PRIS PART OU ENVOYÉ LEUR PROCURATION AUX ASSEMBLÉES DE LA NOBLESSE
POUR L'ÉLECTION DES DÉPUTÉS AUX ÉTATS GÉNÉRAUX DE 1789

Publié d'après les procès-verbaux officiels

PAR MM.

LOUIS DE LA ROQUE ET ÉDOUARD DE BARTHÉLEMY

PARIS

E. DENTU, LIBRAIRE | AUG. AUBRY, LIBRAIRE
AU PALAIS-ROYAL | 16, RUE DAUPHINE

1862

Tous droits réservés.

PARIS. — IMPRIMERIE DE DUBUISSON ET C°, RUE COQ-HÉRON, 5.

AVERTISSEMENT

L'Armagnac et le Quercy ne formaient pas deux provinces, mais seulement deux Sénéchaussées, administrées séparément au moment de la convocation des Assemblées de la Noblesse en 1789. Elles étaient limitrophes et situées entre l'Auvergne, la Guienne, la Gascogne et le Languedoc ; elles ont formé à peu près les trois départements du Lot, du Gers et du Tarn-et-Garonne.

Le Quercy fut réuni au Comté de Toulouse en 960, et passa dans le domaine de la Couronne avec cette province en 1270.

Le Comté d'Armagnac fut définitivement réuni à la Couronne par suite de l'avénement d'Henri IV, en 1589 (1).

Malgré le soin que nous avons pris pour établir la véritable orthographe des noms, en consultant les documents les plus authentiques, et en soumettant le manuscrit des archives de l'Empire au contrôle des hommes les plus familiarisés avec l'histoire des familles de ces pays, nous ne pensons pas avoir entièrement échappé aux erreurs

---

(1) Le Comté d'Armagnac avait pour armes : D'argent au lion de gueule, à la queue fourchue.

qui s'expliquent par la négligence avec laquelle les noms de famille et de seigneuries étaient écrits ou signés jusqu'à cette époque. Lorsqu'il y a doute, nous signalons entre parenthèses l'orthographe moderne et définitivement adoptée.

Quant aux titres, nous n'avons mentionné dans ce Catalogue, comme dans les précédents, que ceux qui sont portés sur les procès-verbaux officiels, à l'appel nominal, ou à la signature des membres présents.

Paris, 25 mars 1862.

CATALOGUE

DES

GENTILSHOMMES D'ARMAGNAC

ET DE QUERCY

ARMAGNAC

SÉNÉCHAUSSÉE DE LECTOURE

Procès-verbal de l'Assemblée générale des trois ordres de la sénéchaussée de Lectoure (*).

16 mars 1789.

(*Archiv. imp. B. III*, 9. p. 269-280, 481-483.)

NOBLESSE.

Jean-Paul, marquis d'Angosse, maréchal des camps et armées du roi, était grand-sénéchal et gouverneur d'Armagnac.

De Fondeville.
Mme de Saussignac.
De Medrano.
Le marquis de Medrano.
Mme Dumêne.
Le comte de Thermes.
D'Armau de Pouydraguin.

De Gestas.
La Grange Tuès.
Du Bernat de la Grange, père.
De Catellan.
De Catellan de Caumont.
De Salles.
De Fajolle.

(*) Nous croyons devoir faire observer qu'un certain nombre de familles nobles ont pu ne pas figurer dans les assemblées de la Noblesse pour cause d'absence, de maladie ou d'abstention.

On trouvera la description des armoiries des familles ci-après mentionnées, et quelques détails intéressants sur un grand nombre d'entre elles, dans la publication de M. le vicomte de Bastard d'Estang. *La Noblesse d'Armagnac* en 1789. — Paris, in-8°. 1862.

Lasserre d'Aumont.
Cassan Glatens.
Du Claux.
Ducassé Lassalle.
De Beaufort.
De Trinqualie.
De Trinqualie Juzan.
De Faudoas.
De Benquet.
De Faudoas.
Du Lin du Taret.
De Marquet.
De Noel.
De Lasserre.
Davach de Beauregard.
De Luppé (marquis).
De Bonnefond.
De Sariac (le comte).
Gillet de Lacaze.
De Montigny (le baron).
Gillet de la Caze.
De Condé.
Guittard de Baraignes de Gardouch.
De Cours Monlezun.
Labbay, comte de Viella.
D'Aubine.
Guy Dufaur.
Merle.
De Bastard.
D'Aux.
De Galard de Lisle.
Dame Secondat de Raymond.
De Lort.
Redon de las Fosses.
Secondat, Bne de Montesquieu.
De Lengros (le baron).
Pujo de Labatut.
De Pascal.
De Polignac.
De Lalo
De Sers.
De Mauvoisin (le baron).
De Polignac.
De Bastard d'Estang (le comte).
De Cambolas.
Dumas.
De Grossolles (le vicomte).
De Lascaban.
De Carboneau.

De Magnas.
De Pouy.
Du Bouzet (le comte).
Le duc d'Esclignac.
Bernié.
D'Aux (le comte).
De Marin.
De Flamarens.
Maynard.
Maynard.
Laporte.
Le marquis d'Arcamont.
Le comte d'Arcamont.
De Barreau (le baron).
Le chevalier de Barreau.
De Pontic (Pontis).
De Saussignac.
De Castelbajac.
De Barbotan.
De Bourrouillan.
De Brondeau (comte d'Urtières).
De Saint-Géry.
Le comte du Saumont.
De Narbonne.
D'Auxion.
De Lavardac.
Caillon.
De Barbazan (le marquis).
De Brunet.
De Bonfontan de Barbazan.
De Batz.
De Saint-Julien de Cahusac.
De Laroche.
De Roquefort.
De Latuque de Lespinasse.
De Bazon, père.
De Bazon, fils.
De Prialé.
De Podenas.
De Broca.
De Bonnot.
De Las.
L'abbé de Grossolles de St-Martin.
De Sallenave.
Tauzia de Mondegoulard.
De Castaing.
De Polastron Lahillère.
De Fabry.
De Thèze.
Le comte d'Esparbès.

De Gironde.
Carchet de Marsan.
De Bourdeau.
De Carrery.
De Castaigné.
De Fezensac.
De Bazillac.
La comtesse de Bonnot.
Le comte du Barry.
Mme de Gensac.
Lartigue Merenvielle.
De Rabaudy.
Dagieux de Jean.
De Luppé.
De Pantaléon.
De Béon.
De la Roche-Lambert de la Graulet.
De Léaumont.
Tursan d'Espagnet.
D'Aliès de Valentin.
De Serignac (le comte).
Ferragut de Batz.
De Marignan.
De Lafargue.
Dagos (le baron d'Agos);
Dame de Luppé, son épouse.
De Saint-Léonard.
Le chevalier du Bouzet.
D'Authesan (de Thezan).
De Galard Terraube, fils.
De Galard, père.
De Vic.
De Polastron.
Guerre de Grisonne.

De Saint-Julien (le baron).
Le baron de Moncault.
De Saint-Julien de Vacquier.
De Corneillan.
De Monclera.
De Saint-Julien.
De Fumel.
De Lort.
De Balzac.
De Laclaverie.
Le marquis de Franclieu.
D'Albis de Belbèze.
Des Innocents.
Persin Lavallette.
Le baron de Baulens.
De Sevin.
Le comte de Sarlaboux.
Le comte de Mun.
De Sabarros.
De Saint-Gilles de Grave.
L'abbé de Saint-Gilles.
De Maigné.
De Maigné de Sombrun.
Le vicomte de Franclieu.
D^{lles} Pasquier de Franclieu.
Le baron de Franclieu.
De Perron.
Vergès de La Salle.
De Cantan de Fournex.
De Coussol.
Garros de Marenque.
De Lartigue.
De Baraignes de Pradas.
De Montbet.

QUERCY

SÉNÉCHAUSSÉES DE CAHORS, MONTAUBAN, GOURDON, LAUZERTE, FIGEAC ET MARTEL.

Procès-verbal de l'Assemblée générale des trois ordres tenue à Cahors.

16 mars 1789.

(Archiv. imp. B. III, 127. p. 319-351.)

NOBLESSE.

Le marquis Adhémar de Lostanges, grand-sénéchal et gouverneur de Quercy, était président de l'Assemblée des trois ordres.

Le duc de Gontaud.
De Lostanges, Sgr de Béduer.
De Labroue de Saint-Sernin.
Lesseps, Sgr du Colombier.
Le marquis de Gontaud.
De Nucé, Sgr de la Mothe.
Le comte de Turenne, marquis d'Aynac.
D'Aroux, Sgr de la Serre.
De Beaumont de Falsegaure.
De Chataigner, veuve de Laborie.
De Labroue, conseiller au parlement.
De Lacoste de Lisle, habitant de Moissac.
La comtesse de Bioule, veuve d'Aliès.
Le comte de Malon, Sgr de Gaillac.
De Reve, Sgr de Reve.
De Bodosquier, Sgr de Molières.
D'Ablan de Labouysse.

De la Faverie, Sgr de Blauzac.
De Gironde, Sgr de Montclera.
Le comte de Cugnac.
Ribeaucourt, épouse de Polastron.
De Bourron, Sgr de Boyé.
De Toulon, veuve du Bousquet de Farges.
Des Cars, veuve du comte d'Uzech.
Le baron de Vassal de Saint-Gily.
Le comte de Valence.
Le marquis de Valence de Puygaillard.
De Maranzac, veuve de Pignol.
De Crussol de Saint-Sulpice.
De Nucé de Lissac, Sgr de Rignac.
Le baron de Blanac.
De Labondie, père.
De Labondie, fils.
Le marquis de Corn d'Anglars.
Le comte de Plas de Tanes.
De Chaylard, Sgr du Bartas.
De Lagarde, Sgr de Bonnecoste.
De Baudus, Sgr de Montfermier.
Du Pouget, Sgr de Mareuil.
D'Arche, Sgr du Roch des Rouges.
Le comte de Beaumont, marquis de Saint-Géry.
De Cugnac, veuve Rodorel de Conduché.
De Veaurillon, baron de Langlade.
Mme veuve d'Estresses de Paussac.
De Contie, Sgr de Meyrone.
Le comte de Marqueyssac (Marquessac).
Le comte de Rastignac.
D'Ablan d'Anglars.
Le comte de Monteil, Sgr de Cayriuls.
De Vignes, Sgr marquis de Puylaroque.
Du Sirech, Sgr de Saint-Avit.
De Segala, veuve de la Mirandole.
Le comte de Montagut de Lomagne.
De Montagut de Gouzon d'Aix.
De Montratier de Parazols.
De Montagut de Granel.
Le marquis de Beaumont.
De Laduguie, veuve de Broux de Ginailhac.
De Prudhomme du Roc.
Jeanne de Colomb, veuve de Péret.
De la Pize de la Pannonie.
Du Bosquet, baron de Genebrières.
De la Faverie de Montinhac.
De Cahuzac.
De Pezet de Viteterne.
Le chevalier de Colomb.
De Comarque, veuve de Bergues.

D'Auberie de Saint-Julien.
De Pugnet de Fontanda.
Ginestet de Selves.
La baronne de Ferussac, veuve d'Audebard.
Le chevalier de Marcilhac.
De Lacoste Fontenilles.
Le marquis de Tauriac, Sgr de Belmontet.
Delfau de Roquefort.
De Laroche, marquis de Fontenilles, Sgr de Cessac.
Le comte de Gironde, Sgr de Foucaux.
De Materre de Chaufour.
Le chevalier d'Haumont.
De Guiscard de Bar, chef de brigade au corps royal d'artillerie.
De Cérat, Sgr de Sauveterre, président aux requêtes.
Du Cluzel.
De Foulhiac, épouse de Lalbenque.
De Belcastel de Verdun.
De Vassal.
De Regourd fils.
Le vicomte de Beaumont, chef d'escadre.
De Pignol, Sgr de Durand.
De la Roque Bouillac.
Le comte de La Tour du Pin, Sgr de Cenevières.
Le vicomte de Corneilhan.
De Camy.
De Tegra de Caussade.
De Savignac, veuve Desplas.
Durieu, Sgr de Puygaillard.
Le comte de Lastic Saint-Jal.
De Cammas de Saint-Remy, Sgr de Puylagarde.
De Malartic, premier président au conseil souverain de Roussillon.
De Laserre, Sgr de la Roque.
De Boissy.
De Roure, Sgr de Saint-Aurel.
De Caumont la Force, Sgresse de Capou.
D'Hauteserre de Combetes.
La Burgade de Belmon.
De Charry de Caillavel.
Des Parro de Conyssèche.
De Turenne, comtesse d'Arzac.
D'Ouvrier, baron de Bruniquel.
De Majoret Despanes, veuve de M. Dolneau, conseiller au parlement, marquise de Picacos.
De Siriech.
De Lagarde, Sgr de Narbonnès.
Le baron de Cavaniac ;
Le comte de Guiscard, son fils.
De Bayal, Sgr de Traversa (de Briat de Traversat).
De Boutaric, épouse de M. de Sales.
Le chevalier de Saint-Simon.

De Combettes, premier présid. au bureau des finances, Sgr de Martel.
Laoubard de Genibras.
Le chevalier Le Blanc.
Alexandre de Tulle, Sgr de Saint-Geniès.
Le chevalier de Durfort.
Morau de Gorenflos, Sgr d'Arcambal.
Delfau de Bouilhac, Sgr de Villemade.
De Fazas de Favols.
Le baron de Langle.
De Rozet de Lacoste Gramont.
De Viguier.
Delon, Sgr direct de Courteil.
De Granier, Sgr de Saillac.
Dupont de Ligonnès, Sgr de Pomeyrol, dans Caylus.
De Gaulejac, veuve de Rabasteins.
De Framont de la Fajole.
Le comte de Gaulejac, Sgr de Piac.
Dailhot (d'Hélyot).
Le chevalier de Cieurac, Sgr de Pompignes.
De Scaudeca de Boisse (Escodeca).
Benoît, Sgr de Peyroux.
De Pélagrue, lieut.-colonel.
De Vignals, épouse de M. de Pélagrue.
De Guintrand.
Le Franc de Pompignan, Sgr de Caix.
De Folmon de la Grave.
Delperrié, Sgr du fief de Joannis.
De Foulhiac de Siniergues.
Desplas, veuve de messire Darnis.
De Meynard.
De Fezendier, épouse de M. Delpéré de Sainte-Livrade.
De Tournié, comte de Vaillac.
Françoise de la Bastide, Sgresse de la Gravière.
Hugues de Granès, Sgr de Granès.
Du Fau, baron de la Roque Toirac.
La comtesse de Corneillan.
De Baral, veuve de M. du Pouget, comte de Nadailhac.
De Becave, commissaire de la Noblesse.
Bernard de Saint-Jean, vicomte de Marcilhac.
La comtesse de Saignes.
Desplas du Buisson.
Lanies de Blandinières.
Desplas, garde du corps.
De Reliac, chevalier de Saint-Louis.
De Sauniac, baron du Fossac.
Dupouget de la Barrière.
Leblanc de Saint-Fleurieu, père.
De Geniès de Maniague.
Gautier de Savignac.
De la Mothe, Sgr de la Tour de Monfaucon.

Le chevalier de Parazol.
De Mauriac.
De Pugnet, curé de Calamane.
De Pugnet de Guayrac.
D'Izarn, baron de Capdeville.
Salomon de Preyssac, Sgr de Ramiers.
Arnaud-François de Pugnet Montfort.
Du Baillet de Bordol, Sgr de Gondourville.
De Broca, fils.
De Caumont, épouse de messire de Scorbiac, Sgresse de Realville.
De Foissac, veuve de messire d'Aliès de Caumont, co-Sgresse de Caussade.
De Laborie de Rozet, épouse de Pons Dinety.
De Boscas de Cazerac, écuyer, garde du roi.
De Boisson.
Gabrielle d'Ablan de Labouysse, veuve de M. de Bideran, Sgr de Saint-Cirq.
De Jaubert de Rassiols.
Le comte de Lentilhac.
De Geniès de Labarthe.
De Laguepie de Prudhomme.
De Cambolas, Sgr de Foucas.
De Bouscot, Sgr de Bouscot et del Sindic.
Thiron de Ladevèze, Sgr de Laurière.
De Savignac, président à la cour des aides, Sgr de fief à Laroque Marès.
De Crozailhes.
D'Aliès, baronne de Montbeton, Sgresse de Caussade, épouse du Sgr marquis de Cieurac.
De Villecobe, Sgr de Cayrac (Bellecombe).
De Lavaur de Bouillac (La Boisse).
Le comte de Bonneval.
De Lapize, capitaine dans Dauphin.
De Cassard, épouse de messire de Menget de Lahaye, Sgresse de Lavergne-Blanc.
D'Araqui, prêtre, Sgr de Saint-Vincent.
Bernard Valon de Lapeyre.
Delperé de Sainte-Livrade.
De Gautier de Savignac.
D'Andrieu de Fenlongues, veuve de noble de Fraysse.
Prevot de la Bastide, Sgr de la Bastide.
Henri de Lentron.
De Galard de Béarn, comte de Brassac.
De Besombes de Saint-Geniès, ép. de Gard de Cousserans, secrét. du roi.
De Gard, secrétaire du roi.
De la Gardelle, Sgr de fief à Caylus.
Du Breuilh, Sgresse de fief à Caylus.
De Scorbiac, Sgr de Belières.
Gironde, veuve du Sgr marquis de Fontbaujard, Sgresse de la Salvetat.
Françoise-Marie de Lalbenque, pour les fiefs dans Valpriouse.
Jean de Lalbenque, pour son fief des Albencats.

De Bessonnies.
Bernard de Marioles.
De Gouges Despaux.
Georges de Bonnafoux de Caminel.
De Caminel, père.
Pierre-Marie de Scairac (Escayrac).
De Montajoux, veuve de messire de Fargues.
De Pouzargues, veuve de noble de Garrigues de Saynac.
Dame veuve de Manas.
De la Grenesie de Lestrade.
Le baron de la Panouze.
De Bonnefoux, Sgr de Presque.
De Veyrac, veuve de messire de la Grange, Sgr de la Gardelle.
De Castres de Tersac.
De la Chèze, Sgresse de Fleizaguet.
Le baron de Poissac.
De Pascal, Sgr de Creisse.
De Gaudusson, chevalier, Sgr de Pradel.
Jérôme de Lavaur, capitaine de cavalerie, chev. de Saint-Louis.
De la Sudrie du Brocard, père.
De Cerou, possesseur de fief dans Gignac.
Lapize de Lunegarde.
Veuve d Lapize de Lacayrouse, Sgresse de Peyrielles.
Le comte de Bertier.
De Geniès de Lavalade.
Lasserre.
De la Chapelle de Carman.
De Comarque, Sgr du fief de Moissac.
De Cazalès, comte de Montesquieu.
Du Roc de Mauroux, baron d'Orgueil.
De Gripières de Montcroc, veuve du Sgr de Gatignol de Santis.
De Bellat.
Pechugayral de Fondonny.
Lagrèze, prêtre, Sgr de fief.
Cazètes, veuve Dally de la Garde.
D'Eyméric, veuve de messire de Chaunac.
La Grange-Gourdon, veuve de messire de Conquans.
Le vicomte d'Anteroche, baron de Mongerty et Saint-Médard.
Véal du Blanc, veuve de M. le comte de Lastic.
De Fabry, veuve de messire de Brons, Sgr de la Romiguière.
Perin de Bouzon, Sgr de Benens et le Touron.
De Secondat.
De Cruzy Marcilhac, Sgr de Laubejac.
Le président de Vac (Duval), Sgr de Varayre.
De Fargues.
De Caumon de Marmont.
De la Croix de Gironde, père.
De la Croix de Gironde, fils.
Le chevalier de Mostolac.
De Bonnafoux de Mercadie.

De Rozet de la Bastide de la Garde, épouse d'Audebard.
Rolland de Villenave.
De Calvimont.
Catherine de Lasserre, veuve de messire de Miremont, Sgr de Chadebic.
Duriol de Lafon.
De Meynard de Copeyre.
Comte de la Tour du Roc.
De Belly de Marandines, Sgr de Saint-Clair.
Louis, baron de Belfort.
De la Mothe Fortet.
De Rayet de Fargues.
De Seguy de Calamane.
Delord.
Catherine Françoise de Calvimont, baronne de Belcastel.
De la Sudrie de Calvayrac.
De Lacade de Villemontex.
De La Brousse de Vayrazet, conseiller au parlement.
Le marquis de Scayrac (Escayrac).
Le comte de Durfort Clairmont, Sgr de Puilaunès.
De Palhasse, baron de Salgues.
De Caors de la Sarladie, père.
Le comte de Monteil.
Rigal d'Augé de la Plène.
Joubert d'Ysseyrens.
De Gascq.
De Boutaric, veuve de messire de Colomb.
De Bramarie d'Hauterive.
Le Franc de Lacarry.
D'Audin de Brengues.
De Peyronnenq.
De Cajarc.
Du Grenier de Lafon.
Antoine de Colomb, Sgr de Laprade.
De la Tour de Bonnafoux.
Doumerc de la Caze.
De Lapize de Saint-Projet.
De Malhier, ancien major du Maine.
De Valada.
De Fraysse de Caussade.
De Saint-Martin, Sgr de la Bastide Marsa.
Chetard, Sgr de Saint-Paul.

PORTEURS DES PROCURATIONS.

Le duc de Biron et de Lauzun.
Le vicomte de Lostanges.
De Cazalès.
Du Noyer.
De Morlhon de la Roussille.
De Laborie de Rouzet, lieut.-colonel.
De Labroue.
Le marquis de Cieurac.
De Baudosquier de Fonblanque.
De Labouysse.
Le marquis de Touchebœuf Beaumont.
Le marquis de Beaucaire.
Le comte de Durfort-Léobard.
Le vicomte de Valence.
Le marquis de Floirac.
Le comte Alphonse de Durfort-Boissières.
Le comte de la Garde de Bonnecoste.
Baudus, père.
Le comte d'Estresses de Lanzac.
Le comte de Cardaillac.
De la Garde Besse.
Le comte de Gironde.
Le chevalier des Juniès.
De Molières.
De la Mirandole.
De Montagut de Cremps.
De Montagut de Favol.
De Linars.
De Prudhomme.
D'Auzac de la Pannonie.
Le chevalier de Vicoze.
Le chevalier de Mirandol.
Le comte de Touchebœuf Clermont.
Le chevalier de Rouzet.
De Marcilhac.
De Mondésir.
De Mallezet.
De Materre de Chaufour.
D'Haumont.
De Pouzargues.
De Regour, père.
De la Roche-Lambert, père.
De la Roche-Lambert, fils.
De Larnagol.

Nioul de Mazeyrac.
De Malartic.
D'Espagne.
De Baudus, fils.
Le baron de Puy-Monbrun.
Le baron de Couysseles.
De Gatebois.
De Martin de Bellerive.
De Colomb de Saint-Thamar.
Le comte de Guiscard.
Le chevalier de Cornely.
De Combetes Lapeyrière.
Du Faure de Prouliac.
De Monteil, officier dans Languedoc.
Le baron de Rozet de Lagarde.
Delon de Félines.
Delon de Félines, fils.
De Bonal, baron de Castelnau.
De Bonal, chevalier de Saint-Louis.
Le chevalier Charles de Bonal.
Le comte de Clermont Touchebœuf.
De Fouilhac de Padirac.
De Mostolac, chevalier de Saint-Louis.
Desplas, officier de chasseurs.
De Molines de Lavaur, chevalier de Granès.
Desplas, ancien mousquetaire.
Desplas, capitaine d'infanterie.
Desplas, lieutenant des grenadiers royaux.
De Montlezun, père.
Le Blanc.
De Montratier.
De Montratier.
De Gayrac.
Le chevalier de Cruzy de Marcilhac.
Du Pugnet de Lastours.
Dubreil, père.
De Scorbiac (Escorbiac).
De Lacroze.
De Mirail.
De Lavaur de Laboisse.
Le chevalier du Bouscot.
De Sadoux.
Le chevalier de Saint-André.
De l'Isle-Brives.
Le comte de Lascazes.
Aldouin d'Araqui.
Le comte de Saint-Exupery.
De Belcastel Montvaillant.
Le chevalier de Belcastel.
De Lassagne.

De Laburgade de Belmon.
Le comte de Chaunac de Lanzac.
De Folmon.
De Bessonies de Saint-Hilaire.
Le marquis de Saint-Sardos Mondenard.
De Bonnafoux.
D'Escayrac de Montbel.
De Foulhiac de Mordesson.
Aldouin d'Araqui de Laborie.
Le chevalier de la Panouze.
Le chevalier Alexandre de la Panouze.
De Briance.
Du Chaylard.
De Montlezun, fils.
De la Sudrie, fils.
De la Pize de Lacayrouse.
Le comte de Gascq.
Le chevalier de Roger.
Le chevalier de Comarque.
Le chevalier de la Capelle.
De Bellat.
Le chevalier de Belleu.
De Gaulejac, père.
De Gaulejac, fils.
Le chevalier de Gaulejac.
Du Garenne de Montbel.
Le chevalier de Gaulejac de Touffailles.
De Calvet.
De Beaufort, baron de Lesparre.
Du Rozet de Bras.
De Saint-Géry.
De la Roussie.
Gransault de Fontenille.
De Lamothe Fortet.
Le comte de Calvimont.
De Boutières.
Le marquis de la Valette Parizot.
De Caors de la Sarladie.
De Laduguie de Calès.
Caors de la Sarladie de Pechaut.
De Colomb Dutheil.
De Chambeau, capitaine commandant dans le régt de Languedoc.

LISTE DES DÉPUTÉS DES TROIS ORDRES

AUX ÉTATS-GÉNÉRAUX DE 1789.

ARMAGNAC.

Raymond Ducastaing, curé de Lanux.

Le marquis d'Angosse, maréchal de camp, grand-sénéchal.

De la Terrasse, juge-mage, lieutenant général de Lectoure.
La Claverie de la Chapelle, avocat.

QUERCY.

M. l'Évêque de Cahors.
Ayroles, curé de Reirevignes.
Leymarye, curé de Saint-Privat.

Le marquis de la Valette-Parizot.
Le duc de Biron.
Le comte de Plas de Tane.

Faydel, avocat à Cahors.
Poncet d'Elpech, avocat en parlement et consul à Montauban.
Durand, avocat en parlement.
Gouges Cartou, négociant à Moissac.
Boutaric, président à l'Élection de Figeac.
De la Chèze, lieutenant général de la sénéchaussée de Martel.

COUR DES AIDES DE MONTAUBAN

Présidents.

1755. De Pullignieu.
1737. Duval de Varaire.
1759. De Savignac.

1778. Le Blanc de Verneuil.
1781. Tursan d'Espaignet.

Conseillers d'honneur.

1768. Bernard Julien.
..... De Pradal, ancien procureur général.

Chevaliers d'honneur.

1783. De Bastard, (comte d'Estang).
1788. De Larnagol.

Conseillers.

1738. De France.
1739. Delbreil.
1761. Duprat.
1766. De Satur.
De Montané.
1767. De Timbal.
1770. De Constant.
1774. De Broca.
De Ladevèse.
1775. De Larrey.
De Vialar.

1776. De Rigal.
1777. De Groussou.
1779. De Granez.
Dumirat.
1780. De Laffargue.
1781. De Parouty.
1783. De Lasserre.
1784. De Thezan, fils.
De Sadon.
1785. De Roure.
Jordanet.

Gens du Roi.

1767. De Boisson, avocat général.
De Parouty, procureur général.
1768. De Cazabonne de la Jonquière, avocat général.
1767. Lacoste de Beaufort, avocat général honoraire.

Substituts.

1782. Chateau.   1784. Lapie.   1785. Cantarel.

Notaires et Secrétaires de la Cour.

1765. Dupuy de la Sauvette.
1779. Ayrolles.

Greffiers en chef.

1775. Derour.   1781. De Lasserre.

Secrétaires du Roi.

1775. Lachèze de Murel.
1780. Lambert de Fontanille.
       Antoine Michel.
1782. Gard de Cousserans.
1781. Lemière de Sussay.
1784. De Cledat.
1779. Le Vacher de Perla.
1768. De Seguret.
1781. Tassin de Renardière.
1770. Cacqué.
1785. Doré Duperon.
1786. Daudin.
1787. De la Combe.
1787. Merle de Massonneau, garde des sceaux.
1773. De Carcenac de Bourran, contrôleur.
1784. Debut, contrôleur.
1751. Marie Duclaux, référendaire.

GÉNÉRALITÉ ET BUREAU DES FINANCES.

1783. De Trimond, maître des requêtes, intendant.

Premier Président.

1746. Decombelles (*alias* de Combettes).

Trésoriers de France.

1749. Racle.
       Lislebribes.
1758. Roux.

1758. Durand.
1759. De la Grange.
1761. Demonbrun.
1764. Gelis.
Boissy d'Hauterive.
1765. Le Febvre de la Boullaye.
1766. Durban.
1767. Boisson de Boisse.
1768. Gouge Despeaux.
1769. Verdier de Marcillac.
1770. Rodat de Druette.
1772. Darassus de la Terrasse (Arassus).
1778. Moly Desordes de Malleville.
Valet de Regenhac.
1780. Chabert.
Champinas de Saint-Remy.
1782. Léon de Puijalon.
Bancarel.
Guineveau Dumenil.
Franque.
1783. Lade.
1785. Dusau.
De Planard.
1786. Montaugé.
1787. Berès.

1757. Redon de Bonrepaux, chevalier d'honneur.
Duserre, avocat du roi.
1766. Ayral de Serinhal, avocat du roi.
1774. Tandol, procureur du roi.
1779. Danglade, procureur du roi.
1774. Dusau de Saint-Santin, greffier ancien.
1766. Creissel, greffier en chef.
1778. Demotes, greffier criminel.
1779. Latapie de Ligonie, greffier au domaine.

Receveurs généraux des finances.

Mel de Saint-Céran.
Mel de Saint-Céran, fils, en survivance.

(*État de la magistrature en France, pour l'année* 1789.
— Paris, 1789, in-8°, 346-348; 415-416.)

DAUPHINÉ

SUPPLÉMENT AU CATALOGUE

DES

GENTILSHOMMES DE DAUPHINÉ

Assemblée des trois ordres de Dauphiné, tenue au château de Vizille, lieu de résidence des anciens Dauphins.

21 juillet 1788.

NOBLESSE.

Le comte de Morges.
Le chevalier du Bouchage.
Le marquis de Baronnat.
Le baron de Ponat.
Le chevalier de Pina.
Le chevalier de Salvaing.
De Mélat.
Le vicomte de Ruffo.
Le chev. Alexandre de Pisançon.
Le chev. Camille de Saint-Vallier.
De Montclar.
Le marquis d'Arces.
O'Farrell.
Le marquis de Saint-Didier.
Le chevalier de Sayve.
Vial d'Alais.
Le vicomte de Chabrière.
Le chevalier de Pisançon.
Le chevalier de Morges.
Le comte de Saint-Vallier.
Le comte de Brizon.
Le chevalier de L'Argentière.

Le marquis de Langon.
De Lemps.
De la Valette.
Le comte d'Herculais.
Le vicomte de Vaulx.
Le marquis de Morard.
De L'Espinasse.
De Saint-Romans.
Le vicomte de Barral.
De Rostaing.
Doudard de Lagrée.
De Saint-Ours l'Echaillon.
Le chevalier de Brenier.
Le comte de Revol.
De Voissanc.
Le vicomte de Chabons.
Le comte de Melat.
De la Valette, fils.
Le vicomte de Bardonnenche.
Le comte de Chabons.
De Longpra de Fiquet.
De Longpra, fils aîné.

De Galbert (1).
De Perrot du Thaud.
De la Valonne.
Le chevalier de Bruno.
De Lierres.
De Bovet.
De Lambert, fils.
De Maximi.
De Bayet.
De Villeneuve.
Le comte de Vaujany.
De Bouffier de Cezarges.
Pasquier du Fayeux.
De Saint-Ferréol.
Du Verney.
De Bonniot.
De Savoye.
Le chevalier de Portes.
De Charency.
De Moulezin.
Bourne.
De Chuzin.
De Lambert.
Le comte de Bally.
De Louvat d'Auriac.
Garnier de Pellissière.
Le baron de Vanterol.
De Menon.
Alexandre de Bonniot.
De Chalvet.
De Rivière.
De Marc.
Beylié.
De Savoye, lieut. gén. de police.
Le chev. Alphonse de Dolomieu.
Le marquis de Buffevent.
Le chev. de Bocsozel de Montgontier.
De Vessillieu.
Des Herbeys.

Le vicomte de Leyssins.
Le marquis de Loras.
Le comte de Loras.
Le marquis de Corbeau.
Le chevalier de Moydieu.
De Moydière.
D'Angelin.
Le comte de Vallier.
De Portes d'Amblérieu.
De Meypieu.
De Perret.
Le chevalier de Perret.
Le chevalier de Rachais.
Albanel de Cessieux, fils.
Le comte de Mons.
Le marquis de Beffroy.
Neyrieu de Domarin.
De Saint-Germain.
Du Serf de Croze.
De Vavre de Bonce.
De Saint-Clair.
Le comte de Vallin.
Le marquis de Boissac.
Le marquis de Blacons, père.
Le baron de Montrond.
Le comte de Gramont, duc de Caderousse.
Le marquis de Barral de la Ferrière.
De Richaud.
De Bouillanne.
Le marquis de Blacons, fils.
Le marquis de la Tour du Pin Montauban.
Rigaud de Lisle.
Le chevalier de la Devèze.
Le comte du Pont.
Le marquis de Chatelard.
De Ravel.
Le chevalier de Vaugrand.

---

(1) Il y avait à l'époque des vérifications, sous Louis XIV, deux familles de ce nom : la plus ancienne, dont le nom patronymique était *Galbert*, et avait pour armes : « D'azur au chevron palé d'argent, accompagné de deux croissants montants de même en chef, » et qui est encore représentée de nos jours ; — l'autre, dont le nom patronymique était *Reboulet* dit *Galbert*, qui avait pour armes : « D'azur à une tour d'argent, accostée de deux fleurs de lis de même, » n'était plus représentée, en 1789, dans le Dauphiné. C'est par erreur que le nom de Reboulet a été ajouté au nom de M. de Galbert, qui prit part à l'assemblée de Romans, en 1788.

(V. CHORIER, *Estat politique de la province de Dauphiné*, III, 268, 491. — L. DE LA ROQUE, *Armorial de la Noblesse de Languedoc*, I, 417.)

De Tardivon.
Le marquis de Leautaud Montauban.
Le marquis de Plan de Sieyès.
Le marquis du Pilhon.
Gueimard du Palais.
De Charens.
Le chevalier de Bonne.
Le comte de Marsanne, fils.
De la Coste de Maucune.
Geoffre de Chabrignac.
Le vicomte de Tournon.
Le marquis de Beausemblant.
Le marquis de Pisançon.
Le comte d'Urre.
De Sibut.
De Glasson.
De Louvat.
Le marquis de Perrotin-Bellegarde.
De la Porte.
De Revel du Perron.
Du Vivier.
Le baron de Gilliers.

De Canel.
Le chevalier de Reynaud.
De Grand.
De Rivolles.
Le marquis de Saint-Vallier.
Du Collombier.
André de Queyrel.
Joseph de Queyrel.
Julien de Queyrel.
Jean de Queyrel.
Le marquis de Veynes.
Le marquis de Revigliasc de Montgardin.
Le marquis de Bellafaire (1).
De Ventavon.
Le chevalier de Taxis.
Le marquis de Villette.
De Saint-Pierre.
Oddoz Bonniot.
De la Garde.
De Ventaillac.
Le marquis du Claux de Bésignan.
Dupuy de la Marne.

Adhésions données par les procurations de MM.

Le comte des Adrets.
De Bardonnenche.
Le marquis de Vachon.
De Treillard de Boissieu.
Le chevalier de Bonniot.
De Manin.
Michalon.
Le marquis de Chaponay.
De Vernas.
De Blanc.
De Cézarge, père.
Le vicomte de Sallemard.
Le marquis de Menon de Ville.
De Montlevon.
Le comte d'Aoste.
Le marquis de Leusse.
Le marquis de Sérezin.

Le chevalier de Murinais.
Yon de Jonage.
Le comte d'Agoult de Chanousse.
Oddoz de Bonniot.
D'Alais.
Le marquis de Bonniot de Saint-Agnian.
Du Poet de Taxis.
D'Abbel de Chevallete.
De Bimard.
De Gontin.
Le marquis de Soissans.
Le comte de Bruges.
Le marquis de Taulignan.
Le marquis d'Archimbaux.
De Veronne.
Le baron Loufis de Flotte.

(1) Rous, marquis de Bellafaire, mort sans enfants à Gap, en 1794, lieut.-colonel et chevalier de Saint-Louis, frère de Jean, brigadier des armées du roi, dont la famille est aujourd'hui représentée par la branche de la Mazelière.

De Montrond, fils.
De la Calmette.
De Bosonier.
De la Motte de la Croix.
Gaspard de Bouillane.
Jean-Pierre de Richaud.
Jean-Élie de Richaud.
Jean-Louis de Richaud.
Jean-David de Richaud.
Le marquis de Chaponay de Saint-Bonnet.
Le chevalier de Garnier.
De Gauteron.
Le marquis de Lattier.
Le marquis du Poet.

Le marquis de Saint-Ferréol.
Le marquis de Marsanne, père.
De Maucune.
Le marquis de Vesc.
De Barjac.
Bancel de Confoulins.
Le chevalier de Rostaing-la-Bretonnière.
De Chastelier.
De Josselin.
Rostaing de Chamferrier.
Le chevalier de la Rollière.
Desjacques de la Garde.
Dupuis de Borde.
Cartier de la Sablière.

(*Procès-verbal de l'assemblée des trois ordres de la province de Dauphiné, imp. en 1788.*)

Asesmblée du corps municipal et des notables de la ville de Tain, réunie le vendredi 20 juin 1788, pour prendre connaissance de la délibération des trois ordres de la ville de Grenoble, du 14 du présent mois de juin.

L'Assemblée était composée de :

Messire Pierre-Henry d'Urre, Sgr de Mercurol.
Messire Jean-Antoine de Mure de Larnage, Sgr de Tain.
Noble Joseph-Antoine de Gallier.

Sieur Jean Francon, échevin.
Me Joseph-Alexandre Deloche, conseiller.
Jean-Antoine Misery, conseiller.
Me Simon Seguin, prêtre notable.
Alexis Seguin, notable.
Étienne-François Jay, notable.
Me Joseph Belin, notable.
Me Jacques Bret, notable.
Me Ignace Pascal, procureur jurisdictionnel.

(*Extr. des délibérations de l'Hôtel-de-Ville de Tain, certifié par MM. J. Claze, adjoint, et L. Bourras, secrétaire général de la préfecture de la Drôme.*)

PARIS. — IMPRIMERIE DE DUBUISSON ET Cⁱᵉ, 5, RUE COQ-HÉRON.